PONSARD

PARIS, TYP. WALDER, RUE BONAPARTE, 44.

PONSARD

LES CONTEMPORAINS

PONSARD

PAR

EUGÈNE DE MIRECOURT

PARIS

J.-P. RORET ET Cie, ÉDITEURS

RUE MAZARINE, 9.

1855

Paris, 26 janvier 1855.

Au moment où nous terminons la biographie de M. Ponsard, le poëte heureux, l'homme adulé, flatté, porté aux nues ; de M. Ponsard, officier de la légion d'Honneur, de M. Ponsard qui bientôt s'assiéra sur le fauteuil académique, on vient nous apprendre qu'un autre poëte a frappé, ce matin, aux portes de la mort, en lui demandant la fin de ses douleurs et de sa misère.

La mort a répondu à cet appel.

Gérard de Nerval n'est plus. Le gracieux écrivain de la *Revue des Deux*

Mondes, le savant interprète de Gœthe, le spirituel rédacteur du *Mercure de France*, du *Cabinet de lecture*, du *Vert-Vert*, du *Figaro*, de l'*Artiste*, de la *Revue de Paris* et de la *Presse*; l'auteur de *Tartufe chez Molière*, des *Nuits du Rhamazan*, de la *Main de Gloire*, des *Amours de Vienne*, des *Illuminés*, des *Filles du Feu*, de *Sylvie* et du *Voyage en Orient*, le collaborateur de Théophile Gautier et d'Alexandre Dumas a mis fin à ses jours, dans une heure de désespoir et de folie.

Pourquoi n'es-tu pas venu à nous, frère, à nous qui t'aimions, à nous qui avions fait tous nos efforts, hélas! pour attirer l'attention sur toi, et mettre ton mérite au grand jour?

Nous t'aurions consolé, nous t'aurions

soutenu, nous aurions raffermi ta pauvre âme d'enfant et de poëte !

Il est trop tard.

Demain, la tombe se refermera sur toi ; demain, nous les verrons, ceux qui n'ont pas songé à verser le baume sur tes blessures, à dégager ton cerveau malade des soins de la vie matérielle, à te donner le pain de chaque jour, — nous les verrons semer de fleurs le bord de ta fosse, quand ils n'ont pas su, toi vivant, écarter les pierres de ta route et empêcher les ronces de faire saigner ton pied.

Sois tranquille, frère ! leurs journaux vont retentir de tes louanges ; nous les entendrons célébrer ton beau talent, ta plume si correcte, si chaste, si candide ; tu auras une magnifique apothéose !

Puis, tout bas, nous les entendrons dire :

« — Que voulez-vous? Pauvre garçon! Mieux vaut pour lui qu'il soit mort ; il n'avait point d'ordre. »

Ils en ont, de l'ordre, ceux qui parlent, ils en ont beaucoup !

A leur dîner, chaque jour, ils frappent le même nombre de bouteilles de champagne ; ils rendent assidûment visite à leur maîtresse, ils tirent le rideau de l'alcôve tous les soirs à la même heure !

Gérard n'avait point d'ordre, c'est vrai.

Jamais il n'a pu régler sa vie sur les sèches et désolantes doctrines de l'égoïsme. Riche, il a donné sa fortune à tous. Pauvre, on ne l'a vu tendre la main à personne. Il n'a demandé ni honneurs, ni distinctions, ni sinécures ; il n'a rien eu parce que les mendiants seuls obtiennent. Doux, modeste, timide, il n'a pas sonné de fanfares en son honneur, il n'a pas crocheté le coffre des pensions ; il a descendu lentement et sans se plaindre la pente fatale qui mène à la détresse, à la maladie, à la faim, à la mort.

Adieu, frère ! Que le juge suprême te pardonne ton désespoir.

Adieu ! puisses-tu, dans un monde meilleur, retrouver celle que tu aimais, cette Adrienne dont le cher souvenir n'a jamais quitté tes rêves, et qui, depuis longtemps, avait emporté au ciel une moitié de ton âme.

Adieu ! tes écrits sont là, nous les avons. L'avenir doit te venger de l'injustice présente, et ceux qui l'ont laissé mourir, ceux qui ont aujourd'hui renommée, gloire, fortune, seront depuis longtemps plongés dans l'oubli, que tu resteras, toi, comme l'un des plus purs et des plus élégants écrivains dont la langue française s'honore.

Adieu, Gérard! Embrasse là-haut Gilbert et Chatterton, tes frères en poésie et en malheur.

EUGÈNE DE MIRECOURT.

PONSARD

C'était au commencement de l'année 1843.

Dieu merci, nous n'avons oublié ni faits, ni dates. Nous sommes prêt à dire ce que nous avons vu, et à le dire très-haut pour l'enseignement des littérateurs futurs.

En ce temps-là, une grande rumeur courut d'un bout de Paris à l'autre. On venait de s'apercevoir que les classiques, tombés à la terrible bataille d'*Hernani*, et que chacun croyait morts, bien morts, se portaient à merveille. Couchés sur la poussière, les vaincus avaient retenu leur souffle et joué au cadavre. Lorsque le vainqueur trop confiant organisa son triomphe, l'ennemi qu'on croyait enterré se retrouva debout. Il se fit insulteur derrière le char qui montait au Capitole.

Ayant expérimenté le casse-tête brutal du romantisme, le guerrier classique résolut de ne plus exposer son crâne. Il sentait parfaitement qu'une autre bataille rangée serait le signal d'une défaite nouvelle. N'étant pas le plus fort, il résolut d'être le plus habile.

Dès ce jour, il se plaça derrière un mur, en tirailleur sournois, afin d'envoyer des balles aux hugolâtres, tout à l'aise et sans risque pour sa peau. Profitant des distractions de ses adversaires, de leur confiance dans le succès, il alla prendre les momies les plus desséchées de son école, et eut l'adresse d'infiltrer dans leurs carcasses arides un sang jeune et chaud qui pût un instant faire croire à une résurrection.

Ce sang régénérateur sortit des veines de M. Ponsard.

Donc, en écrivant sa biographie, nous avons à raconter les manœuvres de la coterie littéraire qui lui a si généreusement frayé la route, écartant les ronces et ne laissant que les fleurs sous les pas de ce bienheureux enfant du Dauphiné, qui reçut le jour à Vienne, le 1er juin 1814.

François Ponsard vint au monde dans une maison de la rue des Clercs, c'est-à-dire au centre même de la chicane viennoise. De temps immémorial, les hommes de loi du pays habitaient cette rue..

Son père, avocat d'abord, puis avoué de première instance, jouissait de l'estime et de la considération générale, grâce aux qualités honorables qui le distinguaient. D'une probité de vieille roche et d'un commerce charmant, jamais il n'excita contre lui une plainte, jamais on ne lui connut un ennemi. Longtemps après l'âge où sa vie laborieuse lui donnait droit au repos, il continua de vaquer aux fonctions de sa charge, espérant avoir son fils pour successeur. Il se décida seulement à céder son étude, le jour où il eut la preuve que François négligeait le barreau pour les lettres.

M. Ponsard père mourut juge de paix du canton de Condrieu [1].

L'enfance de François Ponsard n'offre rien d'extraordinaire. Nous ne trouvons point en lui ces élans précoces de l'intelligence [2], qui se manifestent dès le berceau chez beaucoup de grands hom-

[1] A quelques lieues de Vienne, dans le département du Rhône.

[2] On affirme cependant que, très-jeune, il avait le goût de la poésie, et qu'il rimait pendant ses loisirs d'écolier.

mes et servent à prophétiser leur gloire.

Il apprit à lire et à écrire avec les enfants du peuple, sur les bancs d'une école mutuelle; puis il entra au collége de sa ville natale, où il fit toutes ses classes jusqu'à la rhétorique exclusivement.

Ponsard ne remportait pas les premiers prix, mais il était bon élève. Ses professeurs avaient à se louer de son aptitude et de son application.

Rentré au logis paternel après l'heure des classes, il y retrouvait une mère tendre qui l'encourageait au travail et à l'étude, veillant à ce que les devoirs fussent achevés et les leçons apprises.

Elle tenait lieu de répétiteur à son fils. Ponsard lui doit ses modestes succès de collége.

En 1831, le jeune homme fut envoyé à Lyon pour y faire sa rhétorique. Pensionnaire à l'institution Terrier, il suivait, comme externe, les cours du collége royal.

Il eut l'abbé Noirot pour professeur de philosophie.

A Lyon, François retrouva un de ses compatriotes, un camarade d'enfance, avec lequel il noua une de ces amitiés héroïques, dont Oreste et Pylade, Nisus et Euryale nous ont transmis, au travers des âges, les affectueuses traditions.

Le lecteur comprend qu'il s'agit de Charles Reynaud.

Charles Reynaud, le dévouement incarné, l'enthousiasme fait homme; Charles Reynaud, l'architecte merveilleux de cet édifice de gloire élevé en un jour; Charles Reynaud, que Ponsard pleure[1]; Charles Reynaud, dont il a dit :

. . . .

Et moi, ne suis-je pas le vivant témoignage
D'une abnégation qui n'est plus de notre âge?
Ne suis-je pas son œuvre à lui ?
C'est par lui que j'étais, si j'étais quelque chose.
Mon frêle monument sur l'amitié repose;
Il s'écroule, privé d'appui.

Reynaud, cœur généreux et noble, âme d'élite s'il en fut, consacra sa vie tout entière à son ami. Poëte lui-même, il ne garda pas une seule branche de laurier pour son usage, et les tressa toutes en couronnes sur le front de l'auteur de *Lucrèce*.

[1] Ce fidèle camarade du poëte est mort, il y a dix-huit mois.

Les deux compatriotes achevèrent ensemble leurs études[1].

Ils étaient loin d'avoir la même tournure d'esprit et le même caractère. Charles semblait excité par une fièvre éternelle. Tout feu, tout élan, tout ardeur, il ne s'occupait jamais de la chose présente et courait en Christophe Colomb dans les champs de l'avenir. François, au contraire, se montrait calme, posé, réfléchi.

Reynaud ne travaillait pas et rêvait sans cesse ; Ponsard travaillait toujours et ne rêvait jamais.

[1] Ponsard obtint le prix de dissertation française ; son professeur déclara que sa composition était remarquable par la profondeur des pensées et la forme pure du style. A la fin de 1832, il passa son examen du baccalauréat avec beaucoup de distinction.

Ces deux intelligences, l'une bouillante, l'autre froide, se mêlèrent par une fusion curieuse et se complétèrent, si nous pouvons nous exprimer ainsi, l'une par l'autre. Avec une inspiration féconde, Charles avait trop de paresse pour écrire ; François doubla cette inspiration de son amour du travail. La pensée de Reynaud devint la pensée de Ponsard, non que celui-ci la copiât et descendît au rôle d'imitateur; ceux qui interpréteraient ainsi notre sentiment auraient tort. Fondues dans un alliage unique, les qualités des deux amis sortirent du creuset en un seul bloc, et la France eut un poëte de plus.

Ils vinrent ensemble à Paris, sous prétexte de faire leur droit; mais, en réalité, pour se livrer sans gêne à leurs goûts littéraires.

Charles Reynaud se mit à la recherche des cafés hantés par les gens de lettres. Son plus grand désir était de connaître ces illustres héros pour lesquels le journalisme sonne de la trompe, et dont la publicité porte les noms à la province sur son aile toujours vibrante.

A cette époque, le café Molière[1] était un véritable cénacle d'écrivains et d'artistes.

On ne saurait dire au juste ce qu'il y avait là de barbes incultes, de feutres à larges bords et de chevelures à tous crins.

Nous avons encouru de graves repro-

[1] Au coin du carrefour et de la rue de l'Odéon.

ches pour n'avoir pas fait connaître plus tôt à nos lecteurs un personnage fort curieux sans doute, mais dont la physionomie ne pouvait se crayonner d'une manière originale que dans le volume consacré à Ponsard. Il est bon de prévenir les Aristarques disposés à se montrer sévères que nos biographies s'enchaînent, et qu'un fait ou une circonstance, omis à dessein dans l'une, se retrouvent à coup sûr dans l'autre. A la fin de l'œuvre, on pourra seulement parler des omissions et des oublis, si l'ensemble ne donne pas au grand complet tous les détails de l'histoire contemporaine.

Cela dit, qu'on nous laisse écrire, et que les reproches se taisent.

Le café Molière avait l'honneur, en 1833, de compter au nombre de ses habitués le célèbre Achille Ricourt, l'artiste par excellence, « qui serait homme de lettres s'il n'était peintre, qui serait peintre s'il n'était journaliste, qui serait journaliste s'il n'était comédien, qui serait comédien s'il n'était compositeur et chanteur », a dit fort spirituellement, nous ne savons plus où, M. Auguste Lireux, dont le nom va revenir plus d'une fois sur ces pages.

Achille Ricourt n'a jamais écrit une ligne, mais il pourrait écrire cent volumes.

Il n'a jamais tenu un pinceau, mais il étalerait des couleurs, s'il le voulait bien, sur un hectare de toile.

Jamais il n'a griffonné le moindre feuilleton, mais Janin rentrera sous terre le jour où Achille prendra la plume.

On n'a jamais vu Ricourt sur les planches; qu'importe? Il est plus fort que Frédérick Lemaître. Auprès de lui, Bocage n'est qu'un pygmée.

Ni l'Académie impériale de musique ni le théâtre Feydeau n'ont pas eu jusqu'ici la moindre partition de Ricourt, pourquoi? parce qu'il est modeste et qu'il ne veut pas éclipser la gloire des Beethoven, des Mozart, des Meyerbeer et des Rossini.

Quand il pourrait être célèbre dans tous les genres, Achille Ricourt se contente de mener les autres à la célébrité. Constamment il est à la recherche d'un grand homme; c'est là sa manie, son tic, sa marotte. Il faut qu'il en découvre à tout prix, n'importe où.

Des grands hommes, ou la mort!

Nouveau Diogène, il vous éclaire le visage de sa lanterne, et, s'il a pu saisir dans votre œil un éclair de génie, soyez tranquille, votre affaire est bonne.

Ricourt vous expose en plein soleil de la gloire, et se retire ensuite à l'ombre. Il vous ouvre à deux battants les portes de l'Académie, et s'incline avec respect sur le seuil. Achille vous enrichit et reste pauvre. Son unique joie, son plus cher orgueil est de montrer ses grands hommes. Sans cesse il les vante; continuellement il entonne en leur honneur des gammes élogieuses; il les exalte, il en est fier, il leur brûle sous les narines la myrrhe la plus pure et l'encens le plus suave.

C'est à Ricourt que nous devons Janin, Rachel, Pierre Dupont, Préault, Clésinger, Ponsard... Arrêtons-nous, la liste serait trop longue.

L'important est de savoir comment il a fait passer à l'état de grand homme le héros de cette biographie.

Vous voyez déjà qu'entre Achille Ricourt et Charles Reynaud il existe de nombreux points de ressemblance. Même enthousiasme, même dévouement, même passion de l'art. Ces deux hommes, une fois rapprochés, devaient ressentir l'un pour l'autre une vive sympathie.

Entendant Ricourt parler littérature au café Molière, Charles Reynaud tomba dans une admiration profonde.

Il combla l'éloquent Achille de demi-tasses et de petits verres de kirsch ; il dévora ses paroles, il accepta ses jugements comme autant d'oracles, il le trouva sublime.

Nous avons regret de le dire ; mais le classique Ricourt était, en 1833, un romantique enragé.

Les *Odes et Ballades* lui servaient d'Évangile ; il portait les *Orientales* sur son cœur, et il eût assommé le premier misérable assez perdu de crétinisme pour soutenir qu'*Hernani* n'était point un chef-d'œuvre.

Tous les soirs, en rentrant dans leur

mansarde commune, Charles répétait à Ponsard les harangues de Ricourt et lui communiquait le romantique délire excité dans son cerveau par les entretiens du café Molière.

Nos deux compatriotes lurent ensemble les poésies de Victor Hugo. Ils apprirent par cœur *le Feu du ciel*, *Sara la baigneuse*, *Malédiction*, *le Danube en colère*, et *Nourmahal la rousse* [1]. François se plongea résolûment ensuite dans Shakspeare, étudia Gœthe, Schiller, et se mit à écrire en rimes une traduction du *Manfred* de lord Byron.

Ce fut son premier essai poétique.

Recevant tous les mois une lettre de son père, qui l'exhortait à ne pas négli-

[1] Pièces des *Orientales*.

ger la jurisprudence, il résolut, en fils soumis, de concilier son amour pour les lettres avec les volontés de sa famille.

Pendant trois ans, il mena la vie la plus laborieuse et la plus sage.

Le droit fut bien un peu sacrifié à la littérature; mais il fréquenta suffisamment les cours de MM. Ducourroy et Blondeau pour être reçu à l'époque de ses examens et passer sa thèse.

Jamais Ponsard ne mit le pied dans un estaminet, jamais il n'égara sa vertu sous les ombrages provocateurs de la grande Chaumière. Reynaud n'essayait pas de l'arracher à sa retraite studieuse.

— Travaille! lui disait-il, travaille! Tu es la tête, je suis les jambes: nous arriverons, je te le jure!

La traduction de *Manfred* était terminée.

Sur la modeste pension que lui faisait son père, François avait économisé une centaine d'écus. Charles joignit à cette somme l'argent destiné à ses inscriptions, qu'il négligeait de prendre à l'École de droit, tant les conversations de Ricourt avaient pour lui de charme. Le volume de *Manfred*, imprimé avec luxe, fut expédié à tous les journalistes, et le reste de l'édition alla se placer en dépôt à la librairie Gosselin.

Messieurs les rédacteurs de feuilleton s'empressèrent de garder le silence, et Gosselin vendit en six mois trois exemplaires du livre.

— Ne te décourage pas, dit Reynaud à son ami, travaille toujours !

Malheureusement le père de Ponsard donna l'ordre à son fils de revenir à Vienne. Charles le vit partir avec douleur. Il ne lui conseilla pas la désobéissance ; mais il lui fit promettre de ne point abandonner la littérature, leur maîtresse chérie.

L'auteur de *Manfred* retourna donc en Dauphiné.

Sa famille, instruite de la publication de son livre, parut médiocrement satisfaite. Le vieil avoué sermonna François et lui répéta cette harangue, que tous les écrivains passés, présents et futurs ont entendue, entendent et entendront sortir de la bouche de leur père, et qui se termine invariablement par ces mots : « Tu mourras à l'hôpital ! »

Le peu de succès de la traduction de Byron donnait un singulier poids à ce discours.

Ponsard courba la tête. Il demanda son inscription au tableau des avocats dauphinois.

Cependant, fidèle à la promesse qu'il avait faite à Reynaud, il ouvrit discrètement la porte de son cabinet de travail à la Muse, dérobant avec soin toutes les visites qu'elle lui rendait, cachant ses vers sous d'énormes dossiers de procédure, et laissant croire qu'il s'occupait exclusivement de la veuve et de l'orphelin.

Mais Ponsard père avait l'œil au guet.

Les rimes furent trouvées un beau

jour, et l'avoué vendit son étude, convaincu que les inclinations littéraires de François la laisseraient dépérir, si jamais il devenait son successeur.

Beaucoup plus libre après cette décision, notre jeune avocat prit ses coudées franches.

MM. Timon frères, imprimeurs à Vienne, fondèrent, en 1837, une *Revue* passablement militante, dont Ponsard devint un des plus actifs collaborateurs. Il publia beaucoup de vers dans ce recueil et nombre d'articles où il se proclamait l'admirateur exclusif de Victor Hugo. Sa plume attaquait les classiques et leur enfonçait vaillamment son bec dans la chair vive.

Or, notre agresseur retardataire ignorait ce qui se passait à Paris. Une contre-révolution s'opérait en littérature. Ricourt, le grand Ricourt brûlait les faux dieux du romantisme et se frappait la poitrine avec une componction touchante ; Ricourt venait de découvrir Rachel, n'en déplaise au docteur Véron, qui réclame dans ses *Mémoires* la priorité de cette découverte ; Ricourt prenait par la main la jeune Félix, pour aller s'agenouiller pieusement avec elle au pied des bustes, si outrageusement conspués, de Corneille et de Racine, leur demandant pardon de ses crimes romantiques et jurant de réhabiliter leur gloire, en ne cherchant plus à l'avenir que des grands hommes de leur trempe.

Cela fait, il avait conduit Hermione chez l'ami Jules, pour dicter au prince des critiques ces feuilletons enthousiastes, que celui-ci voulut, mais inutilement, rétracter plus tard.

On ne *démolit* jamais une tragédienne construite par Ricourt.

Sentant bien que tous les échos du café Molière eussent crié au scandale en écoutant ses nouvelles doctrines, Ricourt transporta ses pénates, c'est-à-dire sa pipe et sa chope, au café Tabourey [1], où Charles Reynaud, converti lui-même, siégeait à sa droite.

Arrivèrent, sur les entrefaites, certains

[1] Sous l'appartement même de Jules Janin, rue de Vaugirard, le café regarde le côté gauche de l'Odéon et forme le coin de la rue.

numéros de la *Revue de Vienne*, qui traitaient les classiques de *perruques*. Tous les articles étaient signés Ponsard.

— Le malheureux ! s'écria Charles pâlissant.

Il n'eut garde de montrer les paragraphes incendiaires, et envoya lettres sur lettres au jeune avocat, pour lui expliquer le nouveau mot d'ordre et les causes du revirement d'opinion qui se manifestait chez tous les hommes sensés.

François tomba des nues ; mais il obéit sur l'heure à la consigne. La *Revue de Vienne* cessa d'exalter Victor Hugo. De méchantes langues assurent qu'elle alla même jusqu'à faire amende honorable à cinq ou six académiciens qu'elle avait maltraités fort rudement.

Ponsard est d'un caractère trop digne pour s'être jamais livré à une volte-face aussi grotesque.

Nous avons au contraire l'intime conviction qu'il ne brisa qu'avec regret et douleur sa première idole. Ici l'influence de son ami Reynaud ne fut point heureuse; elle contribua, nous le croyons, à faire boiter un génie qui ne demandait qu'à marcher droit. D'un bout à l'autre de l'œuvre de Ponsard, on remarque une hardiesse timide, s'il est permis de nous exprimer de la sorte, un romantisme contenu par le frein classique, et dont les allures sont pénibles à voir. Il est aisé de comprendre qu'il y avait là un horizon sur lequel on a systématiquement fait descendre un nuage.

Poursuivons notre récit.

Au mois de mars 1843, Charles Reynaud se trouvait à Vienne. Il avait conseillé à François d'écrire une tragédie classique. Cette tragédie était faite, et l'ami de Ricourt arrivait de Paris tout exprès pour en écouter la lecture.

— Vite ! il n'y a pas de temps à perdre ! Quel est ton sujet ? demanda-t-il à Ponsard.

— Tu dois te souvenir, lui dit l'avocat, d'un ancien tableau que nous regardions quelquefois dans notre enfance ?

— Attends un peu !... Ce tableau, si j'ai bonne mémoire, ornait la salle à manger de ton père. N'était-ce point une Lucrèce ?

— Justement, une Lucrèce qui se poignarde, après le crime de Tarquin. Depuis deux ans je m'inspire de cette toile ; la voici que j'ai fait restaurer et placer dans mon cabinet. *Lucrèce* est le sujet de ma tragédie.

— Cinq actes? demanda Charles.

— Oui, la coupe régulière.

— Bravo ! Lisons, dépêchons-nous !

Ponsard lut sa pièce. Quand il eut fini, Reynaud se leva, prit le manuscrit, le roula précipitamment et le fourra dans la poche de son paletot.

— Viens avec moi retenir ma place à la diligence, dit-il à l'avocat. Je repars aujourd'hui même pour Paris. Il faut que je montre tes cinq actes à Ricourt.

— Crois-tu qu'ils soient dignes du théâtre? demanda Ponsard avec inquiétude.

— Je crois que tu as fait tout simplement un chef-d'œuvre. Dors en paix, tu auras de mes nouvelles.

Reynaud prit dans ses bras la naissante *Lucrèce*,
Et l'emportant, ainsi qu'un amant sa maîtresse,
Il la promena dans Paris.
Quand il eut entassé miracles sur miracles,
Épuisé les dégoûts, renversé les obstacles,
Je vins en recevoir le prix.

On voit que Ponsard lui-même confirme par ses rimes les détails précédents et ceux qui vont suivre.

Il faut expliquer, en deux mots, où en était à Paris la situation littéraire. Le drame des *Burgraves* venait d'être représenté à la Comédie-Française. A propos de ce nouvel ouvrage du maître, les querelles d'école s'étaient ranimées, aussi vives et aussi rugissantes qu'aux jours d'*Hernàni*. Les classiques criaient à l'absurde, et les romantiques répondaient : Travaillez ! faites mieux ! où sont vos œuvres?

Charles Reynaud comprenait à merveille tout ce que la circonstance avait de propice.

Nous arrivons donc au récit des événements qui se passèrent soit à l'Odéon, soit aux alentours du théâtre à l'occasion de *Lucrèce*. Écoutez !

Il pouvait être environ dix heures du soir.

Auguste Lireux, directeur du second Théâtre-Français, regardait avec un sourire plein d'amertume le chiffre de la recette du jour, se creusant la cervelle en face d'un problème aussi insoluble pour lui que la quadrature du cercle, et ne voyant pas comment il déciderait jamais les Parisiens au voyage d'outre-Seine.

Tout à coup, au milieu de ce quartier si paisible et si habitué au silence, s'éleva une tempête de cris, un ouragan d'acclamations.

Lireux crut d'abord que ce bruit inusité partait de sa propre salle, où l'illustre républicain Bocage remplissait un rôle dans *la Main droite et la Main gauche;* mais réfléchissant presque aussitôt à l'improbabilité d'un tel enthousiasme au sujet du talent de cet artiste[1],

[1] M. Bocage était affligé déjà de cette malheureuse extinction de voix qui n'enlève rien à son amour-propre, mais qui l'empêche absolument de développer le mérite de son jeu. Si quelquefois les spectateurs

il ouvrit sa fenêtre et regarda dans la rue.

Que vit-il? O spectacle merveilleux!

Il vit le café Tabourey tout resplendissant d'une clarté bleuâtre. Le gaz avait pâli. Vingt-cinq bols de punch flambaient sur les tables et descendaient dans les verres, en ruisseaux enflammés. Quarante individus absorbaient cette boisson brûlante et jetaient les clameurs que nous venons d'entendre pour applaudir un quarante et unième personnage, qui gesticulait, debout sur une chaise, et déclamait... que déclamait-il?

Voilà ce que Lireux ne pouvait savoir.

avaient l'inconvenance de crier : « Plus haut! » Bocage leur jetait un coup d'œil terrible et portait la main sur la garde de son épée.

De temps à autre arrivaient seulement jusqu'à lui, ces exclamations singulières, qui perçaient l'orage des bravos :

« — Enfoncés, les romantiques ! »

« — Vive *Lucrèce !* »

« — A bas les *Burgraves !* »

— Sans aucun doute, pensa Lireux, ce sont des amis intimes de Victor Hugo.

Il continua de regarder et de prêter l'oreille. Soudain il eut un tressaillement d'effroi. La troupe entière se levait comme un seul homme et criait :

« — A l'Odéon ! à l'Odéon ! »

— Juste ciel ! murmura le directeur, il s'agit de quelque pièce refusée par ma bourriche[1]. Sauvons-nous !

[1] Lireux appelait *sa bourriche* le comité de lecture, que lui avait transmis M. d'Épagny, son prédécesseur.

Fermant la fenêtre, il descendit avec précipitation, bien décidé à ne point attendre l'envahissement de son cabinet; mais il fut arrêté dans sa tentative de fuite par le bras robuste d'Achille Ricourt. Le fougueux classique, traînant après lui Charles Reynaud, venait d'enjamber la rue en deux bonds. Il avait presque assommé le concierge du théâtre, qui voulait s'opposer à leur passage.

— Ou vas-tu? cria-t-il à Lireux.

— Je vais me coucher, répondit celui-ci.

— Tu ne te coucheras pas, avant d'avoir entendu la lecture du chef-d'œuvre que nous apportons. Remonte, corbleu, remonte! ou nous te lisons la pièce ici, dans l'escalier!

Lireux remonta.

— Monsieur est l'auteur? demanda-t-il, rentré dans son cabinet et saluant Reynaud.

Ricourt hocha la tête en signe d'affirmation.

— Permettez! dit Charles, qui vit le mouvement, je déclare tout d'abord que la pièce est de mon ami Ponsard, avocat à Vienne. Je n'y suis absolument pour rien.

— Connu! murmura Ricourt à l'oreille de Lireux; le talent modeste aime le pseudonyme.

— Où est votre manuscrit? demanda le directeur à Charles.

— Je ne l'ai pas avec moi, répondit

celui-ci ; mais je puis vous réciter les cinq actes de mémoire.

— Vraiment?..... une pièce qui n'est pas de vous!... c'est extraordinaire.

— Bon! fit Ricourt, archiconnu! Mais ne nous arrêtons pas aux bagatelles de la porte. *Lucrèce*, tragédie en cinq actes, et pas en prose! Au lever de la toile, l'héroïne tient la quenouille et file avec ses esclaves. En avant, Reynaud! De l'aplomb, pas de bêtise; nous jouons le grand jeu!

Debout devant la cheminée, l'ami de François déclama le premier acte tout d'une haleine.

— Eh bien? demanda le fabricant de grands hommes au directeur ébahi.

— C'est du Racine, du Racine pur, balbutia Lireux.

— Du Racine, doublé de Corneille, de Shakspeare, de Confucius et d'Homère! ajouta solennellement Ricourt. Est-ce qu'il n'y a rien à boire ici?

Le directeur sonna.

— Un bischoff aux frais de l'administration! cria Ricourt au garçon de théâtre qui entrait. Nous nous sommes tout à l'heure inondés de punch, il faut varier ses plaisirs. Allons, morbleu, le second acte!

Reynaud le déclama comme le premier. Puis le troisième, le quatrième, le cinquième eurent leur tour, sans que la mémoire prodigieuse de Charles omît un seul passage. Le directeur bondissait sur son fauteuil et poussait des hourras à chaque hémistiche.

— Je reçois la pièce! Embrassons-nous, mes enfants! s'écria Lireux.

. . . . O mânes tutélaires!
Faites que votre sang féconde nos colères!
Précédez notre marche, et que votre convoi
Porte le premier coup contre le dernier roi!
Nous, pleins du même esprit, marchons comme un
[seul homme!
Romains de Collatié, — à Rome! à Rome! à Rome!

Sacrebleu! quelle magnifique poésie!... Vous voyez, je la retiens aussi par cœur. Il faut déclamer cela partout, dans les cercles, dans les cafés, dans les salons, dans la rue.

— Nous avons déjà commencé, dit Ricourt. Le songe, surtout, n'oublions pas le songe!

Et comme j'étais là, pâlissante, — un serpent
Sort d'un pilier qui s'ouvre, et s'avance en rampant,
Traînant sur le pavé ses anneaux qu'il déploie
Lentement, longuement, comme sûr de sa proie.

Il monte, — et sur mon corps colle ses nœuds glacés.
Je sentais mes cheveux affreusement dressés;
Ma chair se hérissait sous cette étreinte humide;
Mais ma voix s'étranglait dans mon gosier aride;
J'essayais de bouger, et je ne pouvais pas;
J'étais fixe d'horreur. — Comme un immense bras,
Le monstre cependant m'enveloppe, puis lève
Sa tête d'où sortait un dard fait comme un glaive.

— L'image me semble un peu risquée, dit Lireux, vu la situation de la femme de Collatin; mais honni soit qui mal y pense! Votre songe est sublime. Je vous aiderai, mes enfants; je veux apprendre aussi la pièce tout entière, pour en réciter des tirades aux ministres, aux ambassadeurs, aux gardes nationaux, à ma blanchisseuse, à mon concierge, à quiconque me tombera sous la main! J'ai besoin d'un succès, d'un succès-monstre. Il faut l'organiser d'avance. Des réclames, des citations, un tapage d'enfer ! Déclamons nuit et jour ! que tout Paris parle de *Lucrèce !*

Charles écrivit à notre avocat de Vienne :

« Accours, ta pièce est reçue ! ».

Mais, soit que le poëte doutât d'un aussi grand honneur, soit qu'il fût malade de saisissement, ou que sa timidité naturelle eût plus de force que la joie, il ne vint point et resta dans sa ville natale.

— Vous tenez toujours à votre pseudonyme de Ponsard ? demandait Lireux à Charles Reynaud.

Celui-ci protestait, jurait, s'emportait, puis finissait par éclater de rire.

— Il faudra pourtant bien qu'il nous arrive ! s'écriait-il.

On s'occupait, en attendant, de la distribution des rôles. Charles voulait Frédérick Lemaître pour remplir le personnage de Brute ; mais, bien que le puissant acteur fût alors entièrement oisif à la Porte-Saint-Martin, il ne se rendit point à l'appel de l'Odéon, lié qu'il était par son engagement avec les frères Coignard. On se vit dans l'obligation de charger Bocage du rôle, au grand désespoir de Lireux, qui s'écria :

— Quel malheur ! en être réduit au rhume de cerveau de Frédérick !

Il alla frapper, en compagnie de Charles, à la loge de son pensionnaire.

— Entrez ! cria-t-on.

Ces messieurs poussèrent la porte et furent sur le point de reculer d'effroi, au spectacle qui s'offrit à leurs yeux.

Le grave personnage qui, dès lors, avait en politique de si hautes espérances, le héros intrépide qui, le 23 février 1848, devait adresser à son ami Marrast ces paroles à jamais mémorables : « Pensez-vous, Armand, que je doive monter à cheval ? » le citoyen Bocage enfin leur apparut, sans autre vêtement qu'un gilet de flanelle.

— Qu'y a-t-il pour votre service, messieurs ?... Entrez !... entrez donc ! dit-il sans rien perdre de son air digne, et sans rien ajouter à son costume [1].

Il se colla le lorgnon sur l'œil, car il

[1] Le journal *la Silhouette* a raconté jadis cette entrevue. — M. Bocage, dit-il, avait plus l'air de Don Quichotte en déshabillé, ou du squelette vivant, ou même de l'homme incombustible se disposant à leurs exercices, que d'un comédien de premier ordre, aussi ustement connu en politique qu'en littérature.

est très-myope; il ne voyait point encore quels étaient ses visiteurs.

Reconnaissant Lireux, il offrit des sièges.

— Ah! très-bien! très-bien, messieurs!... vous m'apportez un rôle... je vois cela!... dans une tragédie de *Lucrèce*... on m'en a parlé... Ricourt, ce me semble?... un fou que ce Ricourt!... il croit aux chefs-d'œuvre... moi, je n'y crois plus.

— Vous avez tort, dit Lireux.

— Non, messieurs, non... je n'ai jamais tort... Enfin, n'importe!... je le jouerai, ce rôle... je ferai mon devoir... Vous voyez, je mets du rouge!... sale métier, messieurs!... et je m'y résigne pourtant, moi, Bocage... un patriote!...

mais le public m'adore... il sait distinguer l'homme sous le comédien.

— Voici le rôle, dit le directeur dont l'impatience était visible. On commencera demain les répétitions.

— Demain, Lireux?... vous n'y songez pas... On me tue dans ce théâtre... Eh! bon Dieu! que vois-je?... Brute!... le personnage de mon rôle s'appelle Brute?... Ah çà! Lireux, vous voulez donc que le nom me reste, comme celui de Robert Macaire reste à Frédérick?... Après tout le public me respecte... C'est bien, messieurs; je garde ce rôle... Ah! maudit métier... pour un homme libre!... J'ai foi en des temps meilleurs!

Et le citoyen Bocage soupira, tout en s'agrandissant l'œil avec du noir.

— Vous avez raison, dit Lireux. Quelque jour on proclamera la république, et vous serez premier consul.

— Je l'espère, messieurs, je l'espère !... Vous partez ?... Serviteur !

Voilà comment le citoyen Bocage fut appelé à remplir le rôle de Brute.

Le directeur, toujours suivi de Reynaud, se rendit à la loge de madame Dorval, qui parut très-flattée de jouer une *Lucrèce*, en dépit de tout ce que put lui dire M. Léon Gozlan [1], qui assistait à sa toilette.

Une fois les répétitions commencées,

[1] Ce spirituel écrivain est l'ennemi né du genre tragique. Il condamnait autrefois ses enfants, dit *la Silhouette*, à lire cinq actes de M. Ancelot, lorsqu'ils n'avaient pas été sages. Un de ces petits malheureux en fit une maladie grave. Gozlan se borne aujourd'hui à leur infliger deux actes de M. Viennet.

Charles écrivit à l'auteur de la pièce :

« Arrive ! ou je suspends tout, et je brûle tes cinq actes ! »

Ponsard arriva.

Le directeur de l'Odéon reçut sa visite. Il refusa presque d'en croire au témoignage de ses yeux. Quant à Ricourt, il fit une grimace abominable.

— Ouf ! grommela-t-il, décidément il y avait un Ponsard ; c'est beaucoup moins drôle !

Néanmoins les mœurs douces et le caractère aimable de l'écrivain tragique ne tardèrent pas à lui gagner l'estime et l'affection. Il fut entouré de cajoleries sans nombre. Des académiciens, des ministres l'invitèrent à leurs soirées intimes. Pylade accompagnait partout

Oreste. Chaque jour on lisait le chef-d'œuvre dans un nouveau cercle, et les ovations n'en finissaient plus. La rive gauche se transformait en un vaste foyer d'enthousiasme. Bientôt l'éloge de *Lucrèce* passa les ponts, fit tache d'huile sur la rive droite et gagna les extrémités les plus lointaines de la ville.

Ricourt, parfaitement remis de son injuste impression, déclamait le songe dans tous les cafés du Palais-Royal et du boulevard.

Nous l'avons entendu de nos propres oreilles, à l'estaminet de Paris [1], réciter trois cents vers, à la plus grande satisfaction des consommateurs.

[1] Aujourd'hui remplacé par le restaurant des *Dîners européens*, galerie de Valois, au Palais-Royal.

Ponsard ou Reynaud, que lui importait, au bout du compte? N'avait-il pas toujours son grand homme?

Cependant la mise à l'étude allait bon train. Les décors étaient sur pied, les costumes étaient finis; déjà la presse annonçait le grand jour, quand tout à coup Lireux se frappa le front, comme un homme dont la mémoire se réveille brusquement.

— Diable! diable! s'écria-t-il, et ma bourriche que je n'ai pas consultée!

Ponsard devint livide, Reynaud frissonna des pieds à la tête, Achille Ricourt poussa un juron terrible.

— Allons, allons, dit Lireux, point de frayeur! Du calme, et réparons notre oubli.

Le soir même on envoya des lettres de convocation ; le comité de lecture se réunit le lendemain et refusa la pièce de *Lucrèce* à l'unanimité des voix, donnant pour motif de son refus une raison superbe : il déclara la pièce entachée de romantisme.

O Jupiter! si vous aviez pu voir Achille!

Ce n'était plus un homme, c'était un tigre. Il voulait écharper ces juges iniques, boire leur sang, traîner trois fois leurs dépouilles autour de l'Odéon ; comme autrefois son homonyme avait traîné le cadavre d'Hector autour des murs de Pergame.

— Bah ! fit le directeur, laisse en paix ces pauvres vieux, et déclame le songe de plus en plus ! Moi je continue les répétitions.

Seulement Lireux eut soin d'expédier chez le ministre madame Dorval et Ponsard.

Une seconde lecture eut lieu par ordre.

Cette fois les juges daignèrent reconnaître le mérite de l'œuvre, et l'on vit entre les doigts des mêmes personnages les boules noires se métamorphoser en boules blanches, avec une dextérité qui donne la plus haute opinion du jugement des hommes.

A présent on sait le reste.

La tragédie de M. Ponsard fut jouée le 22 avril, et le succès fut immense[1]. Au-

[1] A la représentation de *Lucrèce* eurent lieu des scènes absolument semblables à celles qui se passèrent à la représentation d'*Hernani*. De vigoureux champions y firent le coup de poing. Émile Augier, petit-fils de Pigault-Lebrun, se posa comme le défen-

jourd'hui que l'enthousiasme est éteint, voyons, s'il vous plaît, le mérite de l'œuvre.

On ne trouve chez notre heureux poëte aucun des défauts de l'école moderne ; mais, en revanche, les incontestables qualités de celle-ci, la passion, la pro-

seur le plus intrépide de Ponsard. Il fut secondé par MM. Latour de Saint-Ybars, Jules Barbier, Michel Carré, Adrien Decourcelle, Édouard Foussier, Ducuing, et le célèbre critique Dufaï, qui a trempé sa plume dans du venin de vipère pour écrire ses articles contre Balzac et Victor Hugo. Tous ces messieurs se groupèrent autour de l'auteur de *Lucrèce* et le proclamèrent chef de l'*École du bon sens*. Leur quartier général était au café Tabourey, qu'ils voulurent appeler café Ponsard; mais Ricourt et Charles Reynaud s'y opposèrent, trouvant la chose d'assez mauvais goût. La phalange tout entière de l'*École du bon sens* a fait son chemin dans les lettres, à l'exception du critique Dufaï, relégué au fond de la bibliothèque de la Sorbonne.

fondeur, la couleur, la puissance manquent absolument à M. Ponsard. Il a ramassé un fait connu sous les bancs du collége, et nous l'a présenté tel qu'il est, sans la moindre invention, sans aucune force créatrice, sans prendre la peine de marquer de son cachet des pages arrachées de l'histoire.

De beaux vers sont quelque chose, oui sans doute, mais cela ne suffit pas au théâtre ; il faut une idée, une action, des contrastes, des caractères.

Or, dans *Lucrèce*, rien de tout cela:

L'idée n'appartient point à M. Ponsard ; il a copié servilement un sujet historique, sans le conquérir, sans le rendre sien, comme ont fait Shakspeare, Corneille et tous les grands génies de la scène. Quant à l'action, ne la cherchez pas : cinq actes durant, un dialogue rimé la remplace. Le rôle de Tullie, jeté là comme opposition pour faire ressortir la pure existence de Lucrèce, pourrait être enlevé d'un bloc, sans déranger un seul rouage de la machine. Il est vrai que la machine n'a point de rouages. C'est un tout composé de parties disjointes et qui n'ont entre elles aucune affinité.

Parlerons-nous maintenant des caractères ? Ici, M. Ponsard devient, en vérité, trop facile à battre.

Voyez Lucrèce, voyez-la, cette femme que Rome entière admire, ce modèle achevé de toutes les vertus domestiques : au moment où Collatin, son époux, aunonce qu'il va fêter ses hôtes, elle débute par manquer à toutes les bienséances hospitalières, ne s'occupe ni de sa maison ni de ses convives, et s'amuse à causer deux heures avec Brute. Elle cause agréablement sans doute ; mais quelle triste ménagère !

Son mari et ses hôtes sont obligés de rentrer pour interrompre ce long bavardage et prier madame de vouloir bien venir se mettre à table.

Voilà ce que M. Ponsard appelle un premier acte.

Attendez ! nous n'en avons pas fini avec Lucrèce. Elle disparaît entièrement au deuxième et au troisième acte ; mais, au quatrième, nous la retrouvons déclamant ce fameux songe, aimé Ricourt, et si plein d'une poétique indécence.

Les dieux vous ont prévenue, chaste héroïne. C'est fort bien! Vous allez nécessairement être sur vos gardes et vous conduire en femme prudente?

Point. Sextus arrive. Il déclare son amour, et madame Collatin le laisse parler deux heures, comme elle a laissé parler Brute, mais dans une circonstance bien autrement délicate.

Eh quoi! vertueuse personne que vous êtes, un homme est là, plein de frénésie et de passion; il ne vous cache aucun de ses projets; son œil lascif vous dévore; il vous insulte dans le gynécée, sous le toit conjugal, et vous ne le priez pas de sortir? Vous allez me répondre qu'il est votre hôte; mais un hôte assez impudent pour se comporter ainsi, madame, a-t-il droit à des égards? On rappelle sa nourrice, on fait rentrer ses esclaves, et l'on prie poliment le prince de changer de conversation.

Cette idée fort simple ne vient point à Lucrèce. Elle quitte Sextus installé dans la maison, rentre chez elle et oublie de fermer sa porte.

Ah! pardieu, belle dame, vous l'avez voulu!

Si M. Ponsard ne vous a pas mieux enseigné à vous défendre, tant pis pour vous et tant pis pour lui! Sextus trouve les issues libres, il entre, et vous craignez qu'il n'exécute sa menace, en vous tuant, et en plaçant à côté de vous un esclave également percé de son glaive?

Vous vous êtes trompée sur la véritable honte. C'était aux dieux à châtier le criminel et à prouver votre innocence. Entre deux flétrissures, vous avez choisi la plus sérieuse. La vertu meurt, madame, et ne se rend pas!

Nous disions que M. Ponsard avait pris dans la chronique romaine le fait pur et simple, nous avions tort; il a trouvé moyen de le rendre invraisemblable et presque ridicule.

Il fallait, en vérité, que l'école classique eût grand besoin d'appui, pour en chercher un dans cette pièce aux éléments si médiocres, aux caractères si chancelants.

Collatin, mari niais, qui introduit le loup dans le bercail; Brute, le fou qui raisonne comme un sage, et dont Sextus, plus fou que lui, ne comprend pas les fins apologues; Tullie, la femme coquette et légère, qui se transforme à l'improviste en tigresse jalouse, tous ces personnages manquent de vérité, de nerf et de ressort.

Mais la forme? va-t-on nous dire.

Ah! pour ce qui est de la forme, honneur à M. Ponsard! La critique fait silence, nous n'avons plus qu'à nous incliner.

Chez lui le vers est solidement construit. L'hémistiche se tient ferme; jamais on ne le voit broncher à la césure ou trébucher contre une rime maladroite. On demanderait sans doute au poëte plus d'élévation, plus de grandeur;

mais il lui reste des dons précieux, la délicatesse, la simplicité, l'harmonie, la grâce.

La vertu que choisit la mère de famille,
C'est d'être la première à manier l'aiguille,
La plus industrieuse à filer la toison,
A préparer l'habit propre à chaque saison,
Afin qu'en revenant au foyer domestique
Le guerrier puisse mettre une blanche tunique,
Et rende grâce aux dieux de trouver sur le seuil
Une femme soigneuse et qui lui fasse accueil.

Autant nous regrettons la faiblesse et la nullité du fond, pour cette première œuvre de M. Ponsard, autant nous nous plaisons à reconnaître que la forme est belle, châtiée, irréprochable.

Mais ce poëte qui, sans le vouloir, a donné tant de verges pour battre les romantiques, laisse très-souvent deviner la source où il puise ses inspirations. A quelle école, par exemple, croyez-vous que les vers suivants appartiennent ?

La menace des cieux attend qu'un vent l'allume.
Sommeillez jusque-là, foudres, sur mon enclume !
Noble sang des aïeux qui me gonfles le cou,
Redescends indigné dans les veines du fou !
. . . .
Je m'apprivoise au lit de fange où je me vautre.
. . . .
Et le jour où sur vous planeront des malheurs,
Ce jour-là je promets mon sceptre à vos pâleurs.

Ces vers ne sont pas de Victor Hugo, comme vous pourriez le supposer. Nous les prenons au hasard dans *Lucrèce*, et nous serions en mesure d'en citer bien d'autres.

Si nous laissons la forme pour revenir au fond, qu'est-ce que le rôle de Tullie ? Un fœtus romantique, une tentative de puissance non suivie d'effet, un élan comprimé, un rejeton malheureux étranglé avant de naître par le cordon classique.

Ponsard a payé cher ce premier succès, dont l'amitié, d'une part, et la rancune littéraire, de l'autre, ont exagéré la portée.

Toutes les fois que vous stimulez le public à tort et que vous abusez de sa confiance pour le conduire dans un piége, soyez sûr qu'il se vengera.

Le second ouvrage de Ponsard, *Agnès de Méranie*, est bien supérieur à *Lucrèce;* on y remarque un talent dramatique réel. Cette peinture de la cour de Rome, luttant contre l'orgueil de Philippe Auguste et contraignant le sceptre et le glaive à s'humilier sous le joug de la foi chrétienne, a quelque chose d'imposant et de terrible. Des scènes fortes, émouvantes, bien conduites, se trouvent soutenues d'un bout de la pièce à l'autre par un vers, sinon sublime, du moins énergique et fortement trempé.

Cependant la pièce eut une chute.

Les spectateurs reprirent, séance tenante, tout l'enthousiasme qu'ils avaient accordé de trop à *Lucrèce*.

Charlotte Corday [1], quelques années plus tard, eut le même sort, avec des beautés de premier ordre et un progrès très-sensible dans le talent de l'auteur. La pièce contient un portrait de Marat tracé de main de maître. Nous demandons à le reproduire.

[1] L'idée de cette troisième pièce fut suggérée à Ponsard par la publication des *Girondins*, de M. de Lamartine.

CHARLOTTE *à Barbaroux.*

Mais vous qui l'avez vu, quand vous siégiez ensemble,
Dites-moi, je vous prie, à quoi Marat ressemble.

BARBAROUX.

Vous préserve le ciel de l'observer de près !
Mais vous devineriez son âme par ses traits.
— Un visage livide et crispé par la fièvre,
Le sarcasme fixé dans un coin de la lèvre,
Des yeux clairs et perçants, mais blessés par le jour,
Un cercle maladif qui creuse leur contour,
Un regard effronté qui provoque et défie
L'horreur des gens de bien, dont il se glorifie,
Le pas brusque et coupé du pâle scélérat,
Tel on se peint le meurtre, — et tel on voit Marat.

CHARLOTTE.

Que fait-il? où vit-il? et de quelle manière?

BARBAROUX.

Tantôt il cherche l'ombre, et tantôt la lumière,
Selon qu'il faut combattre ou qu'il faut égorger,
Présent pour le massacre, absent pour le danger.
Dans les jours hasardeux où paraissent les braves,
Lui, tremblant, effaré, se cache dans les caves.
Les caves d'un boucher et celles d'un couvent
Pendant des mois entiers l'ont enterré vivant.
Là, seul avec lui-même aux lueurs d'une lampe,
Devant l'encre homicide où sa plume se trempe,

N'ayant d'air que celui qui vient d'un soupirail,
Dix-huit heures penché sur son affreux travail,
Il entasse au hasard les visions qu'enfante
Dans son cerveau fiévreux cette veille échauffante.
— Puis, un journal paraît qu'on lit en frémissant,
Qui sort de dessous terre et demande du sang.

Agnès de Méranie fut représentée au mois de décembre 1846, et *Charlotte Corday* au mois de mars 1850. Ponsard apporte dans ses travaux une lenteur consciencieuse. Après avoir sculpté pendant quatre années entières le rôle de Charlotte pour mademoiselle Rachel, il eut la douleur de lui voir refuser ce rôle, qu'elle seule pouvait tenir. Ce fut une des causes évidentes du peu de succès de l'ouvrage.

Trois mois plus tard, Hermione, comme fiche de consolation, daigna jouer dans *Horace et Lydie*, pièce en un acte, demandée par elle à l'auteur de *Lucrèce*, et faite à la hâte.

Ponsard y reste au-dessous de lui-même.

Il n'est point taillé pour écrire à la vapeur, et mademoiselle Rachel lui a rendu là un piteux service. *Horace et Lydie*, malgré le concours de l'éminente tragédienne, reçut du public un accueil glacial.

Voilà donc après le succès de *Lucrèce* trois chutes successives.

Notre poëte perdait complétement courage. Charles Reynaud, l'ange gardien de sa gloire, le stimula, lui rendit quelque ardeur, lui prouva qu'il fallait marcher d'un pas plus ferme dans le domaine de l'art, et se résoudre peut-être à brûler de nouveau quelques grains de myrrhe et d'aloès sur l'autel romantique.

Le conseil était bon. Malheureusement François tenait à conserver le titre de grand-prêtre de l'école du bon sens[1].

Au lieu d'écouter Charles, il eut la malheureuse idée de faire des études

[1] On affirme que sa persistance à ne rien oser tient à l'espoir du fauteuil académique, sur lequel il sera probablement assis, le jour où s'imprimera ce volume. La faction académique orléaniste, composée de MM. Guizot, Thiers, Villemain, Cousin, Dupin, Mignet, Vitet, Salvandy, etc., promet ses voix à M. Ponsard. Il a contre lui les auteurs dramatiques, ce qui, soit dit en passant, nous semble d'assez mauvais goût. Scribe, Lebrun, Empis, assistés de Mérimée et de Sainte-Beuve, portent pour candidat celui qu'on appelle assez originalement le fils du *Mérite des femmes.* Nous préférons M. Ponsard. Un aimable plaisant disait, l'autre soir, au foyer de la Comédie-Française, que M. Legouvé s'en allait partout criant : « Voulez-vous *Médée* pour entrer à l'Académie? »

sur Homère, d'abord dans un petit poëme en quatre chants, fort étriqué, sans élévation et sans verve, puis dans cette malheureuse tragédie avec chœurs, représentée pour la première fois à la Comédie-Française, le 18 juin 1852, et qui a pour titre *Ulysse*.

Or, on devrait tâcher de comprendre Homère un peu mieux que ce petit Paulin Limayrac[1] ne comprend Bossuet, c'est-à-dire qu'il ne faut point res-

[1] Le rédacteur pygmée de *la Presse*, le critique roquet qui mord aux jambes tous ceux dont M. de Girardin croit avoir à se plaindre. Notre nain sournois les égratigne de sa plume sans rime ni raison, mais surtout sans justice, et se fourre ensuite dans le premier trou venu quand on le cherche pour le corriger. Le microscopique homme de lettres devient parfaitement invisible. Il a récemment étudié Bossuet, mais jusqu'au talon, pas plus haut : son esprit et sa taille ne lui permettaient que cette investigation restreinte.

ter accroupi au pied du colosse et lui mesurer la cheville, au lieu de lever la tête et d'en admirer les proportions cyclopéennes.

Depuis longtemps il est reconnu que l'Odyssée, œuvre de la vieillesse d'Homère, est infiniment au-dessous de l'Illiade.

Pourquoi M. Ponsard a-t-il choisi l'Odyssée, quand il était question de révéler au public toute la puissance du roi des poëtes? Dans cette œuvre, le génie du chantre ionien ne sommeille pas toujours : pourquoi s'attacher principalement à reproduire la rusticité d'allures des héros de l'époque et la naïveté souvent burlesque de leur langage?

Ceci pour le moins est une maladresse. Les éclats de rire des spectateurs ont dû le faire comprendre à M. Ponsard.

Mais, s'écrie-t-il, ce n'est pas de moi que vous riez, c'est d'Homère !

Un instant, ne confondons pas. Nous rions de l'homme qui a juste été prendre dans le poëme tout ce qui n'est plus en rapport avec les mœurs, les habitudes et les goûts modernes. Représentez le tableau, mais laissez les ombres. Soyez vrai dans le beau ; mais, pour le reste abstenez-vous.

La pièce d'*Ulysse* n'aurait pas eu deux représentations, sans la musique des chœurs [1].

[1] M. Gounod, chacun le sait, est l'auteur de cette musique. Tout Paris rendit hommage à la puissance d'orchestration du jeune virtuose.

A cette quatrième chute, l'école du bon sens plaignit le sort de son chef et le surnomma Ponsard-pas-de-chance.

Il semblait qu'un lutin vengeur s'attachât obstinément aux trousses du père de *Lucrèce* pour le punir de son premier triomphe. Cette influence maudite ne se contentait pas d'obscurcir l'éclat de son étoile littéraire, elle s'étendait à toute sa vie, déjouant ses projets, entravant ses entreprises, conduisant chacune de ses démarches à un traquenard, le poursuivant partout, même en amour, et le faisant perdre au jeu avec une persistance incompréhensible.

Jamais, au grand jamais, le café Frascati ou le café Véron ne virent Ponsard gagner à son ami Janin la moindre partie de dominos.

Le double-six et la noire cohorte qui vient après lui semblaient tenir aux doigts de Ponsard par une sorte de glu infernale.

Heureusement, Janin, depuis son mariage, et dans l'intérêt de sa progéniture à venir, ne joue pas au delà de *cinquante centimes*. Il se bornait, de neuf heures du soir à minuit, à gagner dix ou douze francs à Ponsard, et, grâce à Dieu, ceci n'est point la mort d'un homme.

Mais il y avait alors, tantôt chez Émile Augier, tantôt chez Lireux, des parties de lansquenet plus périlleuses.

Ponsard essaya de fléchir la fortune et de la retenir près de lui sur le tapis vert. Inutiles efforts ! sa poche se vidait avec une régularité quotidienne, et la chronique affirme que la déesse railleuse lui enleva, un soir, jusqu'à sa culotte[1].

On pria les dames de sortir, afin que le perdant pût s'exécuter.

Vers la fin de 1852, les gens de lettres furent instantanément saisis de la rage boursicotière. Arsène Houssaye, disait-on, venait de sortir de l'antre de Plutus avec cinq cent mille francs en portefeuille ; le démocrate Bareste exploitait le Strasbourg avec un rare bonheur, et le célèbre Forcade se vengeait sur le Tours à Nantes de ses infortunes de journaliste.

Une petite société, composée de Ponsard, d'Émile Augier, de Lireux, de Ducuing et de Meissonnier, peintre de l'école

1 Ponsard avait joué ce vêtement nécessaire contre deux louis, pour voir jusqu'où son malheur pourrait le conduire.

du bon sens, mit en commun quelques fonds et s'achemina place de la Bourse, dans l'espérance d'obtenir aussi les faveurs du veau d'or.

Elle n'y trouva que la ruine.

La chance fatale de Ponsard venait de s'étendre à tous ses associés.

— Je te défends, lui dit son ami Janin, de lire ta nouvelle pièce au comité de la rue Richelieu, avant que tu ne m'aies gagné une partie de dominos !

François soupira. La chose lui semblait impossible, il craignait d'être obligé de renoncer pour toujours à la littérature.

Mais enfin, ô prodige ! un soir, à onze heures cinq minutes, il battit pour la première fois le prince des critiques, et le café Véron marqua ce jour d'une croix blanche.

— Bravo! dit Janin, te voilà désensorcelé. Va lire ta pièce!

La Comédie-Française assemble son comité de lecture, et *l'Honneur et l'Argent* est reçu..... à correction [1].

— Toujours cette abominable chance! murmura Ponsard désolé.

— Qu'oses-tu dire? Si tu avais lu la semaine dernière, tu étais refusé net! répond Janin. Porte ta pièce à l'Odéon, crois-moi. C'est le théâtre de tes premiers succès, là doivent finir tes malheurs. Nous recommencerons les manœuvres de *Lucrèce*, et nous réussirons, à moins que le diable ne soit contre nous.

[1] Le théâtre Richelieu avait perdu 36,000 fr. avec *Ulysse*, et tremblait de compromettre de nouveau sa caisse.

Aussitôt fait que dit.

Janin commence le feu contre le théâtre de Molière, qui a eu l'impertinence de traiter Ponsard comme les petits auteurs crottés dont M. Arsène Houssaye voit les humbles courbettes. Refuser un pareil chef-d'œuvre, quel crime! Où allons-nous? où l'art trouvera-t-il un refuge?

Et le public de donner dans ce nouveau piége. Il crie de toutes ses forces, après Janin :

« — Pourquoi subventionne-t-on la Comédie? pour faire de l'art. Salle pleine ou salle vide, qu'importe? Vous êtes un musée, recevez les statues! »

Quant à l'école du bon sens, elle met tout simplement le Théâtre-Français en interdit. Émile Augier porte

Philiberte au Gymnase, et allez donc !

Cela vous apprendra, messieurs les sociétaires, à vous occuper de la caisse. Dans votre satanée boutique nous n'aurions pas fait un sou. Là-bas, vous allez voir ! l'esprit d'opposition nous amènera le Pactole.

Ah ! peuple français, comme ils te connaissent tous !

L'Honneur et l'Argent, comédie vieille comme le monde, assise sur des lieux communs rebattus, sur des situations imitées de cinquante autres pièces, fut jouée cent fois devant trois et quatre mille francs de recette ; *l'Honneur et l'Argent*, magnifique écho du chauvinisme bourgeois, eut un succès de bourgeoisie incroyable.

En ce siècle d'honnêtes gens, tout le

monde veut paraître honnête, et les filous applaudiront toujours plus fort que les autres à une œuvre où les mots *loyauté*, *probité* retentissent à chaque scène.

Joignez à cela, comme nous le disions tout à l'heure, l'esprit d'opposition, la joie suprême de contredire ; ne dépassez pas le niveau des intelligences vulgaires ; donnez du vieux, du connu, servez-le bien à point, saupoudré de vers ronflants et d'articles de Janin, tout le monde viendra manger à votre cuisine.

Monsieur Ponsard-pas-de-chance, vous en avez trop, pour votre malheur, quand il ne faudrait point en avoir.

Ne vous en déplaise et n'en déplaise à cet excellent public, il y a mille fois plus de talent véritable dans votre *Agnès* et dans votre *Charlotte* que dans vos dix actes si chaleureusement applaudis outre-Seine. Vous regretterez de vous être ainsi livré aux faiseurs. Une nouvelle réaction vous châtiera quelque jour, et cela peut-être à la naissance de votre plus noble et de votre plus glorieux enfant. Vous verrez ! vous verrez !

Ce diable de Janin, sûr de l'effet qui allait être produit, se hâta de prendre à l'écart M. Altaroche, alors à la tête du second Théâtre-Français.

— Quel argent vous allez faire ! dit-il, en lui donnant trois petits coups sur le ventre.

— Heu !... chantonna le directeur avec un air de doute.

— Je vous y prends ! s'écria Janin.

Vous ne croyez pas non plus au succès?

— Pardon, je crois à un succès d'estime.

— Malheureux! Eh bien, je passe, au nom de Ponsard, le traité que voici : l'auteur renonce à ses droits, si la recette ne couvre pas les frais; mais les frais couverts, il partage avec vous.

— Soit, marché conclu! fit Altaroche.

L'imprudent directeur perdit à cela vingt-cinq mille écus au moins, qui entrèrent dans la poche de Ponsard.

Et notez bien ici que le poëte ne prend absolument aucune part à ces menées industrielles, à ces tripotages pécuniaires. Jamais il ne s'est rendu complice de toutes les manœuvres organisées à l'Odéon. C'est la nature la plus désintéressée[1], la plus timide et la plus franchement modeste qui existe.

Avant, pendant et après la représentation de *Lucrèce*, ses amis ne pouvaient pas réussir à le convaincre de sa gloire.

Il n'aime ni le tumulte, ni les distractions folles, ni les orages de la vie parisienne. Presque toujours il habite sa ville natale, et ne conserve à Paris qu'un simple pied-à-terre rue Neuve-de-l'Université.

1. Pendant la saison de 1853, étant allé retrouver à Spa M. et madame Janin et Charles Reynaud, il eut la curiosité de voir si sa chance mauvaise l'avait décidément abandonné. L'expérience lui prouva le contraire : il perdit au jeu tous les droits d'auteur gagnés à l'Odéon. Son dernier écu saisi par le rateau de la banque, il se montra aussi aimable, aussi galant avec les dames, aussi dégagé dans la conversation que s'il venait de perdre une simple partie de dominos avec Janin. Celui-ci lui prêta cinq cents francs quand il fallut regagner Paris.

Les honneurs, les emplois, les décorations sont venus trouver M. Ponsard. Avant tout, néanmoins, il tient à son indépendance et à sa dignité d'écrivain.

Taxile Delord, ayant insinué dans le *Charivari* qu'une place de bibliothécaire venait d'être accordée à l'auteur de *Lucrèce* à la sollicitation d'une comédienne de la rue Richelieu, Ponsard donna sur-le-champ sa démission et provoqua le rédacteur de l'article en duel.

Quatre coups de pistolet furent échangés sans résultat. Les témoins déclarèrent l'honneur satisfait.

Ponsard travaille chez sa mère, à Montsalomon, charmante villa, située aux portes de Vienne.

Il y reçoit ses amis et ses compatriotes[1], qui le trouvent toujours aussi modeste et aussi affectueux. Chez lui tout le monde se sent à l'aise. On joue à la boule, on fume des pipes ; les joyeux propos amènent les fous rires. Ponsard lui-même provoque les visites d'amis, tout en fermant sa porte aux importuns, aux fâcheux, aux quêteurs d'autographes et à tous ces bohêmes de lettres qui ont la prétention de fraterniser avec les hommes célèbres, et les poursuivent dans leur chère solitude.

[1] Notre héros est adoré à Vienne; il dément le proverbe : — « Nul n'est prophète dans son pays. » Cela prouve en faveur du caractère viennois. La sottise et la jalousie ne germent pas dans cette heureuse contrée. Après la représentation de *Lucrèce*, on donna des sérénades au père et à la mère de l'auteur. Sur la proposition de M. Auguste Donna, maire de Vienne, le conseil municipal vota par acclamation des éloges à Ponsard, et souscrivit à vingt-cinq exemplaires de sa pièce. La compagnie des avoués imita cet exemple.

Quand la saison de la chasse arrive, Ponsard prend un fusil et court la campagne avec ses chiens.

Le gibier qu'il rapporte consiste en très-beaux vers et en scènes tragiques, méditées et conçues dans les plaines verdoyantes, au bord des ruisseaux tranquilles, à l'ombre des grands bois.

Il faut lui rendre cette justice, qu'il travaille avec une conscience rare.

Nous lui accordons un magnifique talent de poëte, mais il n'a pas les facultés créatrices du génie. C'est le Delille de la littérature contemporaine. Ses enthousiastes le portent sur un sommet, dont l'avenir le fera descendre.

Il doit l'excès de son triomphe, comme nous en avons fourni suffisamment la preuve, au dévouement de son ami

Reynaud, à la résipiscence d'Achille Ricourt, qui des bras du romantisme était retombé dans ceux d'Aristote, et à l'exploitation théâtrale de M. Lireux.

Derrière ces trois personnages s'agitait l'école classique, pleine de fiel et de rancune.

Elle fut ravie de trouver un assommoir tout prêt pour abattre l'orgueil du père des *Burgraves*. Ayant à cœur de venger ses anciennes défaites, elle profita d'une version latine, élégamment traduite, pour rendre le public complice de cette vengeance, et la postérité ne voudra pas croire que deux pages de Tite-Live, délayées en vers corrects, furent mises, un beau jour, au-dessus d'*Hernani*, de *Marion Delorme* et de *Ruy-Blas*.

Ponsard est un oiseau romantique, auquel on a rogné les ailes.

Il chante, mais il ne vole pas.

Nous le trouvons sans cesse terre à terre, au milieu des fleurs de sa poésie, buvant à son ruisseau de lait et de miel, comme un simple moineau franc, mais ne s'élevant jamais comme l'aigle au-dessus des nuages pour regarder le soleil et planer dans l'immensité.

FIN.

Madame la comtesse

je suis tout à votre disposition pour Dimanche ou tel autre jour qui vous conviendra. je suis trop heureux de faire cette lecture devant vous et Mr le comte Molé, qui avez toujours été si bienveillants pour moi.

Veuillez agréer, madame, l'hommage de mon profond respect

F. Ponsard

jeudi

www.ingramcontent.com/pod-product-compliance
Ingram Content Group UK Ltd.
Pitfield, Milton Keynes, MK11 3LW, UK
UKHW020305220726
13923UKWH00003B/1008